DES FORCES IMPRODUCTIVES EN FRANCE ET DANS LES COLONIES;

PAR P. M. MAILLE,

ANCIEN AGRICULTEUR, MANUFACTURIER ET NÉGOCIANT.

Dans ces sociétés mercantiles, la découverte d'une île, l'importation d'une nouvelle denrée, l'invention d'une machine, l'établissement d'un comptoir, l'invasion d'une branche de commerce, la construction d'un port, deviendront les transactions les plus importantes; et les annales des peuples demanderont à être écrites par des commerçans philosophes, comme elles l'étaient autrefois par des historiens orateurs.

(RAYNAL, *Histoire du commerce des Européens dans les Deux-Indes*, liv. VI, ch. I, *Déc. de l'Amériq.*)

ON SOUSCRIT,

CHEZ L'AUTEUR, RUE NOTRE-DAME-DES-VICTOIRES, N° 36;
LADVOCAT, LIBRAIRE, QUAI MALAQUAIS, N° 23;
TOUS LES DIRECTEURS DES POSTES AUX LETTRES.

1829.

S. E. Le Duc Charles de Damas

DES FORCES

IMPRODUCTIVES

EN FRANCE ET DANS LES COLONIES.

DES FORCES IMPRODUCTIVES

EN FRANCE

ET DANS LES COLONIES;

PAR P. M. MAILLE,

ANCIEN AGRICULTEUR, MANUFACTURIER ET NÉGOCIANT.

Dans ces sociétés mercantiles, la découverte d'une île, l'importation d'une nouvelle denrée, l'invention d'une machine, l'établissement d'un comptoir, l'invasion d'une branche de commerce, la construction d'un port, deviendront les transactions les plus importantes; et les annales des peuples demanderont à être écrites par des commerçans philosophes, comme elles l'étaient autrefois par des historiens orateurs.

(RAYNAL, *Histoire du commerce des Européens dans les Deux-Indes*, liv. VI, ch. I, *Déc. de l'Amériq.*)

ON SOUSCRIT,

CHEZ L'AUTEUR, RUE NOTRE-DAME-DES-VICTOIRES, N° 36
LADVOCAT, LIBRAIRE, QUAI MALAQUAIS, N° 23;
TOUS LES DIRECTEURS DES POSTES AUX LETTRES.

1829.

AVIS.

L'ouvrage se composera, en outre de la présente *Introduction* (servant de *Prospectus*), de quatre livraisons, en tout pareilles à celle-ci, qui en offre le spécimen; le papier, le format et la justification y seront en tout conformes.

La première traitera *des Forces improductives dans le Gouvernement et l'Administration;*

La deuxième, *des Forces improductives dans l'Agriculture;*

La troisième, *des Forces improductives dans les Manufactures;*

La quatrième, *des Forces improductives dans le Commerce et la Navigation.*

L'ouvrage entier se vendra 8 *fr. pour les Souscripteurs, et* 10 *fr. pour ceux qui n'auront pas souscrit.*

(On paye par quart en recevant chaque Livraison.)

INTRODUCTION.

PLAN DE CET OUVRAGE.

« C'est un grand et beau spectacle de voir » l'homme sortir, en quelque manière, du néant » par ses propres efforts; dissiper, par les lumières » de sa raison, les ténèbres dans lesquelles il était » enveloppé; s'élancer, par le génie, jusques dans » les régions célestes, et, comme le soleil, par» courir à pas de géant la vaste étendue de l'uni» vers. »

Ce tableau, qui faisait déjà l'admiration du philosophe (1), s'est encore agrandi depuis que nous sommes arrivés au dix-neuvième siècle. En effet, l'homme avait soumis le bœuf et le cheval, et les avait rendus cultivateurs; il les faisait servir à toutes ses jouissances, même de luxe. Il avait attelé le vent à son char, et le forçait de le traîner sur les flots, de moudre son grain, et de mettre en mouvement à son profit une multitude de machines. Il avait encore utilisé la force de l'eau, et, comme moteur, il l'employait à des travaux qui ont beaucoup augmenté ses jouissances. Le système planétaire bien développé lui fit faire d'autres découvertes : il comprit que la terre sur laquelle il vivait, avec un horizon qui se reperpétuait sans cesse en s'éloignant toujours, sans qu'il pût, dans aucune direction, l'atteindre, était une machine ronde. La vue des autres planètes voyageant dans l'immensité des espaces, ne se soutenant que par la force des vapeurs contenues dans le vide, lui fit encore connaître cette force. De là l'idée d'intro-

(1) Jean-Jacques Rousseau.

duire la vapeur dans un tube, laquelle, condensée, rétablit le vide, et permet de la renouveler sans cesse, en utilisant les forces qu'elle produit. C'est ainsi qu'il inventa la machine à vapeur.

Avant, il eût appris d'un ver l'art de filer, d'une mouche le tissage; les animaux furent ses maîtres en beaucoup d'autres choses. Les castors ont été ses premiers ingénieurs, ses premiers architectes; la grenouille lui fit connaître la saignée; d'autres, différens instrumens. La nature a fourni à chaque être vivant les moyens de participer au grand banquet où elle invite si libéralement tout ce qui respire. C'est ainsi que l'homme put observer que les abeilles étaient pourvues de cuillères garnies de poils pour ramasser les poussières des fleurs; les mouches, de pompes pour sucer la sève des arbres; les vers, de tarières, de vilebrequins et de râpes pour en dépecer les parties solides, et les fourmis, de pinces pour en emporter la desserte. Le chien et le chat, comme lui habitans de toutes les zones, ses compagnons et ses serviteurs universels, lui apprirent que la terre produisait pour chaque animal une plante médicamenteuse; la chèvre et le cochon, en mangeant, l'une, la tithymale, la ciguë et la renoncule des prés; l'autre, la presle et la jusquiame, qu'il n'y avait aucune plante inutile sur la terre; que ce qui était mortel pour les uns était salutaire pour les autres : d'où lui vint sans doute l'idée d'étudier la nature et toutes ses productions.

L'homme étendit sa puissance sur la nature entière; pour lui, les mers nourrirent des poissons de toute espèce et de tous les goûts; les pôles les engraissent dans leurs longues nuits d'hiver; et quand le Père du jour, au renouvellement de la saison, vient à briser leurs prisons de glace, nous les voyons arriver sur nos côtes, pressés en masses, presque autant qu'ils le sont dans les barils où nous les conservons. Les mers repeuplent nos fleuves, qui nourrissent ces habitans de l'onde et leur donnent, pour notre avantage, une qualité que la mer seule n'eût pu leur faire développer; nos rivières, nos ruisseaux, nos fontaines, nos étangs, même nos mares, nourrissent pour nous chacun une espèce qui leur est propre; et quelques côtes produisent abondamment, comme par enchantement, ces crustacés délicieux, et qui varient si agréablement la nourriture. La ferme de l'homme est toujours pourvue d'un vivier, d'un étang, et d'une mare où il élève des poissons comme d'autres animaux dans sa basse-cour; il connaît leur âge et le point de grosseur et de graisse où ils peuvent atteindre; il les nourrit de choses perdues, en matières tirées tant du règne animal que du règne végétal; enfin, il élève de petits poissons pour être la pâture des grands, surtout de ceux qu'il a presque rendus domestiques, comme le brochet et la carpe; il a même soumis cette dernière à la castration, comme ses autres animaux domestiques. Sa poule, sa vache, sa brebis, sa chèvre, ses mouches, ses pigeons, ses canards, ses oies, vont parcourir les champs, les prés, les bois, les eaux, sucer le suc des fleurs et des feuilles, enlever le salpêtre des rochers, et rentrent dans son domaine à sa voix avec des cris, des murmures et des bêlemens de joie différens; et leur nourriture, par une métamorphose admirable, est changée en œufs, en lait, en crême, en beurre, en miel, en laine, en un précieux duvet pour les tissus de cachemire, en édredon, en plume et en chair exquise.

Chaque zone nourrit pour l'homme un serviteur commode. Dans les glaciales, le renne, au pied léger et fourchu, le traîne sur la neige, et remplit pour lui ses mamelles de crême dans des pâturages de mousse. Dans celles tempérées, le cheval, le bœuf, le vigogne font tous ses travaux, le nourrissent et l'habillent. Dans la torride, le chameau et le dromadaire sont répartis aux déserts, l'âne et le buffle, aux plaines et aux montagnes, ainsi que l'éléphant et l'hippopotame; le rhinocéros l'est aux marais.

La puissance de l'homme s'est élevée jusques à régler l'ordre des climats : il sait que les arbres attirent les influences météoriques, qu'ils chauffent pour ainsi dire l'atmosphère; qu'aiguilles électriques, ils appellent les orages, les pluies, et répandent les rosées fécondantes; qu'ils arrêtent et détruisent l'effet du hâle des vents; qu'ils produisent d'autant plus ces effets, qu'ils sont placés sur les plus hautes montagnes. Il peut donc à son gré changer une terre ingrate, infertile, en une terre de promission; il peut créer des sources ou les détruire sur les points les plus élevés, faire naître l'abondance ou la misère la plus affreuse. Que dis-je! il peut attirer la foudre, non point en l'arrachant au ciel, comme on l'a dit dans un vers trop prétentieux (1); mais il peut la conduire où il veut, et jouir des bienfaits qui en sont la suite, sans avoir rien à en redouter; enfin il s'est presque associé à la puissance de la création. Il peut à son gré porter le poids d'un mouton à deux cents livres, ou le réduire à cinquante livres, quand la nature n'en a créé ni d'aussi grands, ni d'aussi petits; il élève le poids d'un bœuf à quatre milliers, ou le réduit à deux quintaux; par l'incubation

(1) *Eripuit cœlo fulmen sceptrumque tyrannis.*

Vers mis au bas du portrait de Franklin, inventeur des paratonnerres, et l'un des coopérateurs de la révolution de l'Amérique septentrionale.

artificielle, il fait éclore des millions de vers à soie, de gallinacées, de tout ce qui porte plume, ou de tout ce qui produit des œufs déjà fécondés avant d'éclore.

L'homme est rendu à sa première dignité : il est affranchi pour les dix-neuf vingtièmes au moins du travail opiniâtre qui lui fut imposé presque après la création. Les animaux labourent sa terre, font presque tous ses travaux. L'eau, le vent et le feu filent, tissent et apprêtent, avec le luxe le plus raffiné, tous ses vêtemens; ces agens même fabriquent ses huiles, disposent tout pour bâtir sa maison, scient les bois, en font les mortaises, les tenons, les languettes et les rainures; scient les pierres, les polissent, coulent, forgent, refendent, laminent, tréfilent et perforent le fer et le cuivre; triturent la terre dont il fait la brique: ainsi ces agens font ce que les hommes faisaient avec beaucoup de peine et beaucoup d'efforts; ils sont presque personnifiés, et sont devenus fileurs, tisseurs, apprêteurs, charpentiers, menuisiers, maçons, forgerons. Le feu, devenu rameur, vient remplacer le vent pour imprimer le mouvement aux vaisseaux.

Enfin l'observation des faits constatés a créé les sciences; elles ont pénétré partout. Aujourd'hui l'agriculture est une science (1). Il est bien avéré que les jachères n'ont existé et ne sont encore pratiquées que par l'ignorance et la stupidité; que la nature nous donnant chaque année la chaleur et l'humidité, seuls agens, avec l'air, de toute végétation, c'est rendre inutile ce don de la Providence que de ne pas cultiver la terre tous les ans. En un mot, la jachère rend improductive la force de la terre fécondée par l'air, la chaleur et l'humidité.

Les manufactures ont reçu partout le secours de la chimie, de la physique et de la mécanique; nos teinturiers répètent tous les jours les analyses les plus compliquées et les plus surprenantes de

(1) Elle est aussi un art, et le feu est son premier agent.

la chimie (1); nos fabricans ont leurs machines construites d'après les principes les plus absolus de la physique et les lois les plus sévères de la mécanique.

Le commerce, père des deux autres industries, et dont la navigation est la vie, le principal et presque seul élément, a dû son existence à la connaissance de l'astronomie d'abord, et à la découverte qu'ont les pôles d'attirer l'aimant, appliquée dans la boussole.

Tel est en raccourci le tableau des connaissances vulgaires de l'homme, qui ont amélioré sa condition, et l'ont fait sortir de l'état de la brute dans lequel il végétait auparavant. Mais avons-nous bien mis à profit toutes ces conquêtes du génie? Le temps, le travail, l'esprit et l'intelligence de l'homme sont pour lui des *forces improductives* (A), s'il ne tire pas tout le parti possible de

(1) La désoxigénation de l'indigo, et autres choses aussi étonnantes.

la terre, des animaux, de l'eau, du vent, du feu et de tous les agens dont il peut disposer. C'est ce que nous nous proposons d'examiner dans cet ouvrage. Nous considérons les hommes réunis en société divisés en quatre classes.

Dans la première, sont tous ceux qui concourent à l'action du gouvernement, soit pour l'administration, soit pour rendre la justice; ceux qui défendent l'état militairement sur terre et sur mer. Dans cette classe sont encore tous les savans, les lettrés, ceux qui se vouent au service des autels, qui répandent l'instruction, et concourent ainsi à rendre plus aisée l'action du gouvernement, et contribuent aussi par-là au bien-être de la société. Dans les trois autres, sont les branches nourricières, sont les producteurs. Nous les placerons dans l'ordre de leur importance.

Dans la deuxième, sont les agriculteurs et tous ceux qui s'y rattachent.

Dans la troisième, sont les manufacturiers et tous ceux qui vivent de ce travail, ou appliquent leur temps à un objet manufacturé pour le confectionner et le livrer à la consommation.

Dans la quatrième, sont les négocians, armateurs, tous ceux qui se livrent à la navigation.

Nous aurons donc à examiner pour la première classe si la politique du gouvernement est en rapport et au niveau du point où sont arrivées nos connaissances; s'il met bien à profit l'expérience des siècles écoulés; enfin, s'il tend à favoriser les trois branches nourricières dans une égale protection; s'il ne doit pas une protection plus efficace aux unes qu'aux autres; s'il y a conséquence dans toutes ces lois qui ont rapport à l'économie politique; en un mot s'il y a cohérence, et enfin si l'on peut y découvrir un système et un plan.

Nous verrons également si notre agriculture et nos manufactures ont mis à profit toutes nos découvertes, et enfin si nous avons un commerce, c'est-à-dire, une navigation marchande, je ne dis pas à la hauteur du rang de la France en Europe, ou plutôt de celui auquel elle pourrait être, mais seulement en rapport avec sa population, et le service de mer qu'exige sa consommation; en un mot, s'il est d'une bonne administration de faire faire plus de la moitié de ce service par les étrangers, parce qu'ils frètent, dit-on, à meilleur marché.

Voilà le but où nous tendons, et la carrière que nous voulons parcourir, si nous y sommes encouragés. C'est une tâche sans doute au-dessus de nos moyens; mais enfin nous aurons satisfait au desir de notre cœur, en cédant à l'ardeur où nous entraîne l'amour du bien public, et en cherchant à améliorer le sort de notre patrie en la rendant plus digne, plus forte. Nous voudrions que le Roi de France, dont la monarchie est la plus ancienne de l'Europe, en fût encore le plus puissant monarque. Il le sera, si ses sujets en sont le peuple le plus heureux; et, chacun le sait, c'est le desir le plus ardent de son cœur. Heureux cent fois si les moyens que nous indiquerons peuvent faire atteindre ce but!

NOTES.

(A.)

Donnons un plus grand développement à nos idées; et pour les mieux faire comprendre, traçons quelques exemples des forces improductives.

PREMIER EXEMPLE.

Si on a gardé un écolier dans un collége pendant dix ans, pour ne lui apprendre que le latin et un peu de grec, alors le temps, l'intelligence de l'enfant auront été des forces improductives, en ce sens qu'ils n'auront point produit assez, parce qu'en dix ans on aurait pu lui apprendre le grec tout aussi bien que le latin, toutes les langues vivantes, l'arithmétique, l'algèbre, la géométrie, la mécanique, la physique, le dessin, la chimie, l'histoire, la géographie et la tenue des livres de commerce.

DEUXIÈME EXEMPLE.

Une nation peuplée de quinze millions d'habitans groupés dans une île, a, dans la mer, une force productive, parce que, sans cette défense naturelle, il lui faudrait construire des forteresses, avoir une grande armée de terre pour défendre ses frontières ; il lui suffit d'avoir des vaisseaux, et c'est le système de guerre qui produit le plus. Toute nation qui a un grand littoral maritime, a une force improductive, quand elle n'a pas une grande marine militaire.

TROISIÈME EXEMPLE.

Une nation continentale, bornée par de grandes limites naturelles, la mer d'un côté, les Alpes de l'autre; les Pyrénées (*) par un point, et un grand fleuve par l'autre, aurait une force productive dans ces limites; mais si l'abus de la victoire l'a privée de deux de ces barrières, elles sont pour elle des forces improductives.

(*) Nous pourrions considérer les Alpes et les Pyrénées, ces grands monumens de la nature, comme des forces productives dans les admirables desseins du grand Architecte de l'univers. Ces grandes masses, comme les autres montagnes, comme celles surtout de l'autre hémisphère, comme les Andes ou Cordilières, si bien nommées par les naturels du pays Écharpes de neige (*a*), sont les grands réceptacles où vont s'attacher les eaux que le soleil repompe sur l'Océan; il les met en état de vapeurs; puis elles s'élèvent de la terre; le froid les condense en neige, et le vent les porte sur les hautes montagnes, où elles alimentent les fleuves. Mais nous n'avons point à nous occuper de ces forces productives, il nous suffit de les admirer : nous ne les considérons ici que comme de grandes limites naturelles posées par la nature, que les maîtres de la terre auraient au moins dû respecter.

(*a*) *Ritu-Suyu*, en leur langue.

Imprimerie de Trouvé et Cie, rue Notre-Dame-des-Victoires, n. 16.

www.ingramcontent.com/pod-product-compliance
Ingram Content Group UK Ltd.
Pitfield, Milton Keynes, MK11 3LW, UK
UKHW020452220726
13923UKWH00005B/2498

9 782019 291143